Armin Täubner

Bunte Winterwelt

Fensterbilder aus Tonkarton

frechverlag

Von Armin Täubner sind im frechverlag viele weitere winterliche Bastelbücher erschienen. Hier eine Auswahl:

TOPP 2527

TOPP 2528

TOPP 2525

TOPP 2369

TOPP 2373

TOPP 2368

Fotos: frechverlag GmbH + Co. Druck KG, 70499 Stuttgart; Fotostudio Täubner

Dieses Buch enthält: 2 Vorlagenbogen

Auflage: 5. 4. 3. 2. 1. | Letzte Zahlen
Jahr: 2003 2002 2001 2000 1999 | maßgebend

ISBN 3-7724-2526-7 · Best.-Nr. 2526
Druck: frechverlag GmbH + Co. Druck KG, 70499 Stuttgart

Der Winter ist nicht nur grau und weiß!

Die Fensterbilder in diesem Buch zeigen Ihnen, dass die kalte Jahreszeit ganz schön farbenfroh sein kann. Da toben zwei Kätzchen zwischen gefüllten Nikolausstiefeln herum, ein weiteres hat es sich auf dem Adventskranz gemütlich gemacht. Und draußen herrscht am Futterhäuschen Hochbetrieb. Ein Rotkehlchen hat ein paar Äpfel im Schnee gefunden und pickt hungrig darauf herum. Während Balduin, der Schneemann, einen Spaziergang macht, genießt das Eichhörnchen leckere rote Beeren. Diese und noch viele weitere bunte Wintermotive finden Sie in diesem Buch.

Arbeitsschritte

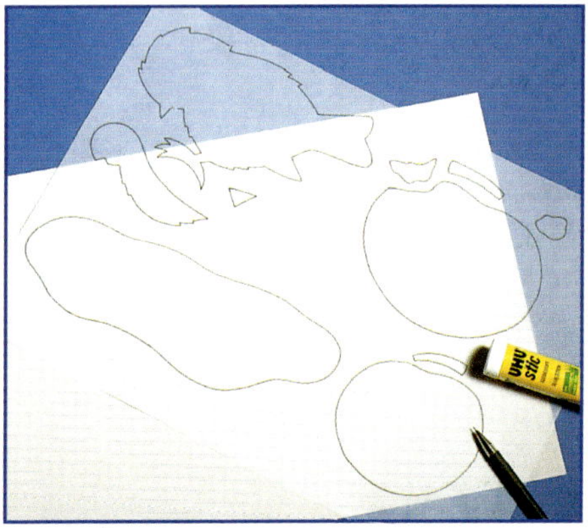

Pausen Sie alle Motivteile ohne Überschneidungen auf Transparentpapier (Architektenpapier) ab. Das Transparentpapier kleben Sie auf einen dünnen Karton.

Schneiden Sie die Motivteile mit der Schere bzw. mit dem Cutter (Schneidemesser) aus. Achten Sie auf eine geeignete Schneideunterlage. Die ausgeschnittenen Teile sind Ihre Schablonen.

Die Schablonen werden auf den farbigen Tonkarton gelegt und die Umrisse mit einem Bleistift nachgezogen. Manche Teile werden mehrfach benötigt. Schneiden Sie die Teile aus.

Nun werden die Motivteile zusammengeklebt. Orientieren Sie sich dabei sowohl an der Abbildung als auch am Vorlagenbogen.

Augen

Als Tieraugen werden Klebepunkte verwendet, die der Fachhandel in verschiedenen Größen und Farben bereithält. Die Augen wirken lebendiger, wenn Sie mit einem weißen Lackstift Lichtreflexe aufmalen.

Vorder- und Rückseite

Damit Vorder- und Rückseite des Fensterbildes identisch aussehen, werden fast alle Motivteile doppelt benötigt. Wenn Sie die Vorderseite fertig haben, drehen Sie das Fensterbild um und kleben die restlichen Teile in derselben Reihenfolge, diesmal jedoch spiegelbildlich, auf.

So schneiden Sie zwei identische Teile aus

Übertragen Sie den Umriss einer Schablone, z.B. einen Stern, auf ein Stück gelben Tonkarton. Legen Sie ein zweites gelbes Kartonstück darunter. Beide Kartonstücke werden mit einem Tacker außerhalb des Motivs am Rand mehrfach zusammengeheftet. Wenn Sie nun das Motivteil ausschneiden, erhalten Sie zwei identische Sterne.

Gestaltungsmöglichkeiten mit dem FENSTERMALSTIFT

Mit dem FENSTERMALSTIFT von Hobbidee®, einem Kreidestift, können Sie die Umgebung Ihres Fensterbildes gestalten. Er eignet sich sehr gut, um z.B. Schneeflocken o. Ä. aufzumalen.

Ich krieg' dich noch!

Motivhöhe ca. 30 cm

Am Schneemann wird zuerst das Halsteil des Schals befestigt. Es folgen die Strohhaare und der Hut. Nun werden Nase und Augen angebracht (Klebepunkte, ø 12 mm) und der Mund mit einem schwarzen Filzstift aufgemalt. Die Kohleknöpfe sind ebenfalls Klebepunkte (ø 12 mm). Jetzt können Sie das zweite Schalteil aufkleben. Schal und Hut werden mit bunten Stoffflicken verziert. Die Nadelstiche malen Sie ebenfalls mit einem schwarzen Filzstift auf. Stecken Sie den Stiel des Reisigbesens ein wenig unter den Schal. Die Augen von Hund und Katze werden mit einem weißen Lackstift aufgetupft. Später folgen die schwarzen Pupillen.

Heute ist Nikolaustag

An den Katzenköpfen werden die Augen (schwarze und grüne Klebepunkte, ø 8 und 12 mm) und die Ohrinnenflächen (gestrichelte Linien) angebracht. Als Nasen können Sie ebenfalls schwarze Klebepunkte (ø 12 mm) verwenden und die überstehenden Ränder abschneiden. Die Barthaare werden mit einem feinen, schwarzen Filzstift aufgemalt.
Eine schwarze Filzstiftlinie grenzt die Sohle des Stiefels ab. Gestrichelte Linien deuten die Nähte an.

Die Katze ohne Rumpf wird von hinten am oberen Stiefelrand befestigt. Die beiden Pfoten kleben Sie von vorne an.
Die Mandarinen und die Nuss werden ebenfalls mit Filzstift bemalt. Die braunen Lebkuchenherzen verzieren Sie mit Punkten, die mit einem weißen Lackstift o. Ä. aufgetupft werden.

Motivhöhe
ca. 28 cm

Die Heilige Familie

Kleben Sie die Tannenzweige auf die große Schneefläche. Drei kleinere Schneeflächen werden auf den Tannenzweigen angeordnet. Der Zapfen wird viermal benötigt. Malen Sie mit einem schwarzen Filzstift die rautenförmigen Schuppen auf und befestigen Sie die Zapfen von hinten an den Zweigen. Der Komet wird ebenfalls an den Zweigen angebracht.
Bei Maria und Josef wird das Gesichtsteil (gepunktete Linie) von vorne und das Haarteil (gestrichelte Linie) von hinten an das Kleid bzw. den Mantel geklebt. Die Gesichter malen Sie mit einem feinen, schwarzen Filzstift auf (evtl. leicht mit Bleistift vorzeichnen).

Motivhöhe ca. 31 cm

Nussknacker mit Tannenzweig

Legen Sie den separat ausgeschnittenen Ärmel an die Uniformjacke. Nun werden die gelben Schulterstücke (Epauletten) und die ebenfalls gelben Ärmelaufschläge angebracht. Von hinten fixieren Sie die rote Hose und daran von vorne das schwarze Stiefelteil. Der Kopf wird vollständig zusammengeklebt, bevor er an der Uniformjacke befestigt wird. Auf das weiße Bartteil (durchgezogene Linie) kleben Sie das Gesichtsteil (gestrichelte Linie). Bei der Anordnung von Nase, Augen (schwarze und weiße Klebepunkte, ø 8 und 12 mm), Schnurrbart und Zähnen können Sie sich am Vorlagenbogen orientieren. Von hinten wird nun das rote, kuppelförmige Mittelteil der Krone befestigt. Von vorne kleben Sie die Krone an.
Schieben Sie den mit zwei Sternen geschmückten Tannenzweig unter die Arme des Nussknackers.
Der Boden wurde mit dunkelblauem FENSTERMALSTIFT gestaltet.

Vögel an der Futterglocke

(Abbildung Seite 14)

An dem mit der Schneefläche beklebten Tannenzweig fixieren Sie von hinten einen dunkelbraunen Kartonstreifen (45 cm x 1 cm), an dem anschließend die rote Futterglocke befestigt wird. Setzen Sie den einteiligen, hellbraunen Vogel auf den schmalen Kartonstreifen unterhalb der Futterglocke.

Ein Teil der Vögel ist mit den Vögeln am Futterhäuschen auf Seite 15 identisch. Sie können auch ausgetauscht oder in anderen Farbkombinationen gearbeitet werden.

Die Schneeflocken malen Sie mit einem weißen FENSTERMALSTIFT auf.

TIPP:

Wenn Ihr Fenster groß genug ist, können Sie den Zweig und das Futterhäuschen nebeneinander anordnen.

Motivhöhe
ca. 33 cm

Vögel an der Futterglocke

(Beschreibung Seite 12)

Hochbetrieb am Vogelhäuschen

(Beschreibung Seite 16)

Motivhöhe Vogelhäuschen ohne Pfosten: ca. 21 cm

Hochbetrieb am Vogelhäuschen

(Abbildung Seite 15)

Kleben Sie auf das braune Häuschen (Strich-Punkt-Linie) das Dach aus Tannenzweigen (durchgezogene Linie) und darauf die Schneefläche (gestrichelte Linie). Der Pfosten, der das Futterhäuschen trägt, ist 2,5 cm breit, seine Länge richtet sich nach der Fenstergröße. Sie können aber auch auf den Pfosten verzichten und stattdessen das Häuschen an einem 1 cm breiten Kartonstreifen aufhängen.

Auf das Kopf-Rumpfteil der Vögel kleben Sie das Flügel-Schwanzteil. Das Auge ist ein schwarzer Klebepunkt (ø 8 mm), auf den mit einem weißen Lackstift ein Lichtreflex gemalt wird. Schnabel und Fuß werden mit einem braunen oder schwarzen Filzstift angemalt.
Die Körner können Sie mit einem schwarzen FENSTERMALSTIFT direkt auf die Scheibe malen.

Wie komme ich da bloß wieder runter?

Das leicht gebogene, rote Bandstück (gestrichelte Linie) wird sechsmal ausgeschnitten und in regelmäßigen Abständen auf den Kranz geklebt. Als Aufhängung dient ein 2,5 cm breiter und 40 cm langer roter Kartonstreifen mit leicht abgerundeten Enden. Er wird auf den Kranz geklebt. Nun werden die beiden Enden der Schleife und schließlich die Schleife selbst auf das Aufhängeband geklebt.
Die Innenflächen der Sterne werden mit dem Cutter herausgeschnitten. Achten Sie auf eine geeignete Schneideunterlage. Stechen Sie jeweils ein Aufhängeloch ein und hängen Sie die Sterne an roten Fäden in unterschiedlichen Abständen und Längen an den Kranz.
Die Augen des Kätzchens sind schwarze und grüne Klebepunkte (ø 8 und 12 mm). Der Durchmesser der grünen Klebepunkte wird mit einer Kreisschablone auf 10 mm verringert (Klebepunkte dieser Größe sind im Fachhandel nicht erhältlich). Zuerst werden die Augen aufgeklebt. Die Nase wird entweder aufgemalt oder ebenfalls ausgeschnitten. Malen Sie Mund und Barthaare mit einem feinen, schwarzen Filzstift auf (evtl. leicht mit Bleistift vorzeichnen).
Setzen Sie dann das Kätzchen in den Kranz.

Motivhöhe
ca. 58 cm

Adventsstrauß mit Stechpalmenzweigen

Kleben Sie die drei Tannenzweige auf die Stechpalmenzweige. Der Strauß wird von einer zweiteiligen, weißen Schleife zusammengehalten. Die roten Beeren der Stechpalmenzweige sind rote Klebepunkte (ø 8 mm). Gestalten Sie die Umgebung des Straußes mit brennenden Kerzen, Lebkuchensternen, Mandarinen und Nüssen, die mit schwarzem Filzstift bzw. weißem Lackstift o. Ä. bemalt werden.

TIPP:

Sie können den Strauß auch mit hölzernen Deko-Sternen (s. oben) schmücken.

Motivhöhe
ca. 41 cm

Rote Leckerbissen

(Beschreibung Seite 22)

Rote Leckerbissen

(Abbildung Seite 20/21)

Auf dem Zweig bringen Sie zuerst die Schneeflächen an. Nun werden die roten Beerendolden befestigt. Schneiden Sie zusätzlich einzelne Beeren aus und kleben Sie sie auf die Dolden. Am Kopf des Eichhörnchens werden das Auge (schwarzer Klebepunkt, ø 8 mm) und die weiße Ohrinnenfläche befestigt. In seiner Pfote hält es eine Beere. Setzen Sie das Eichhörnchen auf den Zweig.
Die Schneeflocken werden mit einem weißen FENSTERMALSTIFT direkt auf die Scheibe gemalt.

Wir haben Hunger!

Beginnen Sie mit dem Anbringen der Schneefläche auf dem Fenstersims. Die dachförmige Girlande aus Tannenzweigen und der Adventskranz werden mit der entsprechenden Schneefläche versehen und ebenfalls am roten Fensterrahmen befestigt.
Malen Sie mit einem schwarzen Filzstift das Gesicht auf den Mäusekopf. Der Kopf wird leicht schief am Adventskranz angeklebt. Daneben bringen Sie jeweils eine Pfote an. Der Schwanz wird von hinten am Kranz befestigt. Verzieren Sie den Kranz mit der zweiteiligen roten Schleife. Die aus Regenbogen-Fotokarton ausgeschnittenen Vögel haben weiße Klebepunktaugen (ø 8 mm) mit aufgemalten Pupillen (schwarzer Filzstift). Auch Teddys Augen sind Klebepunkte (ø 8 und 12 mm). Als Nase können Sie ebenfalls einen schwarzen Klebepunkt (ø 12 mm) nehmen und die überstehenden Ränder abschneiden. Der Mund wird aufgemalt.

Motivhöhe
ca. 41 cm

Sieh mal, was ich gefunden habe

Die Mütze und die Schals werden aus Regenbogen-Fotokarton ausgeschnitten und den Mäusen angezogen. Kleben Sie die zweiteiligen Mäuseohren an. Die Augen sind schwarze und weiße Klebepunkte (ø 8 und 12 mm). Nun malen Sie mit einem feinen, schwarzen Filzstift die Barthaare und die Nasenlöcher auf. Schwarze Linien trennen die Beine. Sind die Schuppen auf die Zapfen gemalt, werden die Mäuse und die Zapfen wie auf der Abbildung angeordnet.

Motivhöhe ca. 24 cm

Leckerbissen im Schnee

Eine ausführliche Anleitung, wie dieses Fensterbild gearbeitet wird, finden Sie auf Seite 4/5.
Auch hier können mit dem FENSTERMALSTIFT Schneeflocken ergänzt werden.

Motivhöhe ca. 27 cm

Zaungäste

(Beschreibung Seite 28)

Motivhöhe
ca. 33 cm

Zaungäste

(Abbildung Seite 26/27)

Schneiden Sie die Innenflächen zwischen den Zaunlatten mit dem Cutter heraus. Mit kurzen, senkrechten Filzstiftlinien werden die Zaunlatten von den beiden waagrechten Querhölzern abgegrenzt. Die Schrauben sind schwarze Klebepunkte (ø 8 mm). Bringen Sie die Schneeflächen an.
Ist der Schal um den Hals des Schneemannes gelegt, können Strohhaare, Mütze und Rübennase angebracht werden. Das Auge ist ein schwarzer Klebepunkt (ø 8 mm). Den Mund malen Sie mit einem schwarzen Filzstift auf. Stellen Sie den Schneemann hinter den Zaun.

Am roten Anorak des Kindes wird von hinten der Kopf (gepunktete Linie) und von vorne das Haarteil (gestrichelte Linie) befestigt. Kleben Sie nun die Hose samt Stiefel sowie den Ärmel samt Hand an. Stellen Sie dann das Kind vor den Zaun auf den gelben Schlitten. In der Hand hält es den Reisigbesen.
Auf das Hundeauge (weißer Klebepunkt, ø 8 mm) wird die schwarze Pupille aufgemalt. Legen Sie dem Hund noch das rote Halsband um. Bei den Vögeln werden Augen, Schnäbel und Füße auf- bzw. angemalt.

Adventszweig mit Engeln

Kleben Sie die zweiteilige Schleife auf den Zweig.
Auf den weißen Rumpf des Schaukelpferdes kleben Sie zuerst den roten Sattel und dann die schwarze Mähne. Der Schwanz wird von hinten angeklebt. Augen und Nüstern werden entweder mit einem schwarzen Filzstift aufgemalt oder mit einem schwarzen Lackstift aufgetupft. Den Sattel können Sie noch mit weißen Punkten (Lackstift o. Ä.) verzieren.
Am weißen Engelskörper werden der blonde Haarschopf von vorne und die Flöte von hinten angebracht.

Schneiden Sie mit dem Cutter die Innenfläche aus dem Stern heraus. Achten Sie auf eine geeignete Schneideunterlage. Die äußere Kontur können Sie auch mit der Schere nachschneiden.
Etwa die Hälfte der Motive wird mit roten Fäden auf der Rückseite des Tannenzweiges jeweils mit einem Klebepunkt fixiert. Die anderen Motive kleben Sie auf den Zweig.

Motivhöhe ca. 45 cm

Kannst du mir diese Nuss knacken?

Bringen Sie beim Eichhörnchen die Büschelohren und das Auge (schwarzer und weißer Klebepunkt, ø 8 und 12 mm) an. In seiner Pfote hält es eine mit schwarzem Filzstift bemalte Walnuss.
Auf die rote Uniformjacke des Nussknackers kleben Sie die gelben Schulterstücke (Epauletten) und die Ärmelaufschläge. Von hinten werden die blaue Hose und daran von vorne das schwarze Stiefelteil befestigt.
Der Kopf wird vollständig zusammengeklebt, bevor er an der Uniform angebracht wird. Auf das weiße Bart-Hutteil (durchgezogene Linie) kleben Sie das blaue Hutteil (Strich-Punkt-Linie) und direkt daran anschließend das Gesichtsteil (gestrichelte Linie). Nun sind die Augen und die Nase an der Reihe (Klebepunkte, ø 8 und 12 mm). Es folgen das schwarze Mützenschild, der Schnurrbart und das Gebiss mit einer schwarzen Mittellinie (Filzstift).
Kleben Sie den Kopf auf den Frack. Abschließend wird die Uniform noch mit schwarzen Knöpfen (Klebepunkte, ø 8 mm) verziert.

Motivhöhe
Nussknacker:
ca. 34 cm
Eichhörnchen:
ca. 19 cm

Balduin geht spazieren

Beginnen Sie mit dem Anbringen der Strohhaare und der Rübennase. Das Rautenmuster auf der braunen Mütze wird mit einem schwarzen Filzstift aufgemalt. Nun malen Sie Balduins Gesicht auf und stecken ihm die Pfeife in den Mund. Vom Schal wird zunächst nur das Halsteil angeklebt.

Anschließend befestigen Sie den Arm samt Stock. Zum Schluss wird das zweite Schalteil angebracht.
Die Landschaft und die Schneeflocken malen Sie mit einem weißen FENSTERMALSTIFT auf.

Motivhöhe ca. 31 cm

Megan Goldin
The Wrong Girl – Die perfekte Täuschung

PIPER